# LIBRO PARA APRENDER A
# LEER Y ESCRIBIR

man-
za-
na

## Este libro le pertenece a:

# ¡Hola, queridos lectores!

Soy un autor independiente y quiero agradecerles por adquirir mi libro educativo diseñado para enseñar a los niños a leer y escribir. Su apoyo significa mucho para mí y me encantaría conocer su opinión sobre mi trabajo.

Las evaluaciones en Amazon son increíblemente valiosas para mí. Cada reseña no solo me ayuda a mejorar y seguir creando contenido educativo de calidad, sino que también contribuye a que más padres y educadores descubran este recurso. Su feedback es esencial para mi crecimiento como autor y para la difusión de mis libros.

Si consideran que mi libro ha sido útil en la enseñanza de sus niños, les agradecería enormemente que dejaran una evaluación. Su apoyo y sus comentarios pueden marcar una gran diferencia en mi trabajo y en la experiencia de otros niños y sus familias.

¡Gracias por su tiempo y por ser parte de esta misión educativa!

Con gratitud,

*Marcelo Cuevas F.*

Escanea este código QR y déjanos tu reseña.

# INTRODUCCIÓN

Este libro tiene como objetivo enseñar a leer y escribir de manera progresiva, comenzando con la unión de sílabas y la formación de palabras simples. A medida que los lectores van adquiriendo conocimientos sobre más consonantes, podrán combinarlas con las vocales aprendidas para formar palabras cada vez más complejas y variadas.

importante destacar que el acompañamiento de un adulto es fundamental en este oceso. Un adulto puede ayudar al niño a leer las instrucciones y explicar talladamente cada paso, asegurando así una mejor comprensión de los conceptos. te apoyo es crucial para que el aprendizaje sea más efectivo y significativo.

libro no solo sirve como una herramienta de enseñanza, sino también como un aterial de apoyo que complementa otras actividades de aprendizaje. Se espera e, además de los ejercicios incluidos en el libro, se realicen actividades adicionales e refuercen lo aprendido. Estas actividades pueden incluir juegos de palabras, ctura de cuentos sencillos y prácticas de escritura, lo que permitirá que el rendizaje sea más fluido y dinámico.

lo largo del libro, se presentan una serie de ejemplos y ejercicios diseñados para cilitar la comprensión y retención de los nuevos conocimientos. Estos ejercicios tán cuidadosamente elaborados para ayudar al niño a asimilar cada lección de anera clara y efectiva. Con la ayuda de este libro y el apoyo constante de un ulto, el niño podrá desarrollar sus habilidades de lectura y escritura de manera vertida y progresiva.

# ALFABETO

| A | a | B | b | C | c | CH | ch | D | d |
|---|---|---|---|---|---|----|----|---|---|
| a | a | b | b | c | c | ch | ch | d | d |

| E | e | F | f | G | g | H | h | I | i |
|---|---|---|---|---|---|---|---|---|---|
| e | e | f | f | g | g | h | h | i | i |

| J | j | K | k | L | l | Ll | ll | M | m |
|---|---|---|---|---|---|----|----|---|---|
| j | j | k | k | l | l | ll | ll | m | m |

| N | n | Ñ | ñ | O | o | P | p | Q | q |
|---|---|---|---|---|---|---|---|---|---|
| n | n | ñ | ñ | o | o | p | p | q | q |

| R | r | S | s | T | t | U | u | V | v |
|---|---|---|---|---|---|---|---|---|---|
| r | r | s | s | t | t | u | u | v | v |

| W | w | X | x | Y | y | Z | z |
|---|---|---|---|---|---|---|---|
| w | w | x | x | y | y | z | z |

# INDICE

**1** Objetos que comienzan con la vocal Aa, E,e, Ii, Oo, Uu

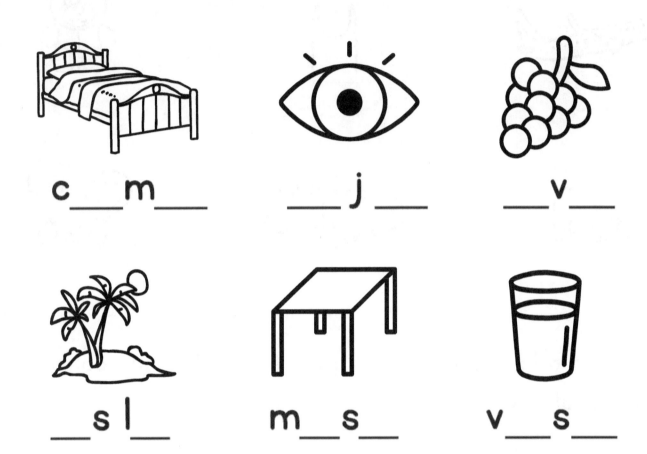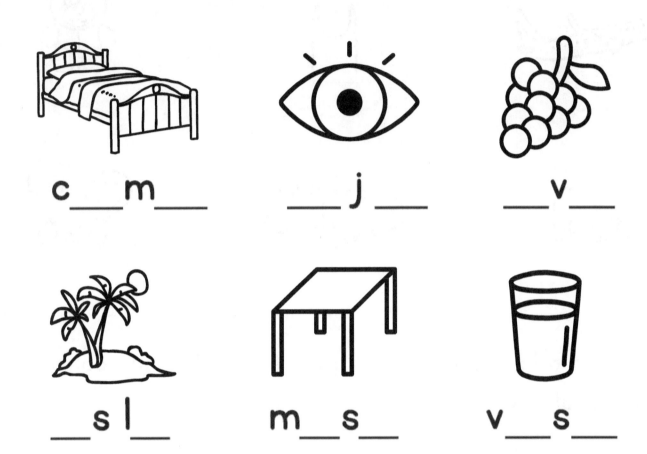

 Aa  Ee
Ii
Oo  Uu

**2** Completa las vocales que faltan de los siguientes objetos y descubre como se escribe.

c __ m __ __        __ j __ __        __ v __ __

__ s l __ __        m __ s __ __        v __ s __ __

**3** Así se escriben las vocales en "cursiva o ligada":

a        ℰ        ℐ        ℴ        𝒰

a        e        ι        σ        u

**4** Escribe la vocal inicial de cada uno de los dibujos:

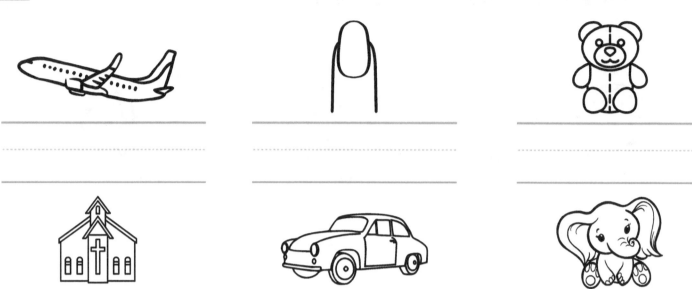

**5** Ayuda a la oveja a llegar a los elementos que contienen la vocal "Aa"

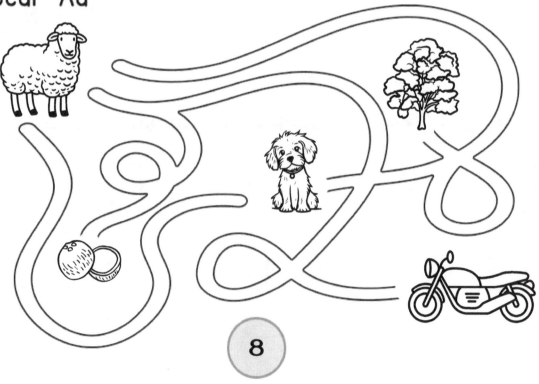

6  Traza y luego escribe cada una de las vocales:

letra "imprenta" o letra de "molde"

# Aa     Ee     Ii     Oo     Uu

letra "cursiva" o letra "ligada"

# Aa     Ee     Ii     Oo     Uu

| P | Pa | Pe | Pi | Po | Pu |
|---|----|----|----|----|----|

Pa pá        pa pa        Pe pe

Pe pa        pi pa

**1** Así se escriben en "cursiva o ligada":

pa    pe    pi    po    pu

Papá papa Pepe pipa

**2** Traza y luego escribe cada una de las sílabas:

letra "imprenta" o letra de "molde"

# Pp pa pe pi po pu

letra "cursiva" o letra "ligada"

# Pp pa pe pi po pu

a la

pa la

pi la

La lo

pe lo

lu pa

1 Así se escriben en "cursiva o ligada":

la   le   li   lo   lu

Lalo  pila  pala  pelo

**2** Traza y luego escribe cada una de las sílabas:

letra "imprenta" o letra de "molde"

# Ll   la   le   li   lo   lu

letra "cursiva" o letra "ligada"

# Ll   la   le   li   lo   lu

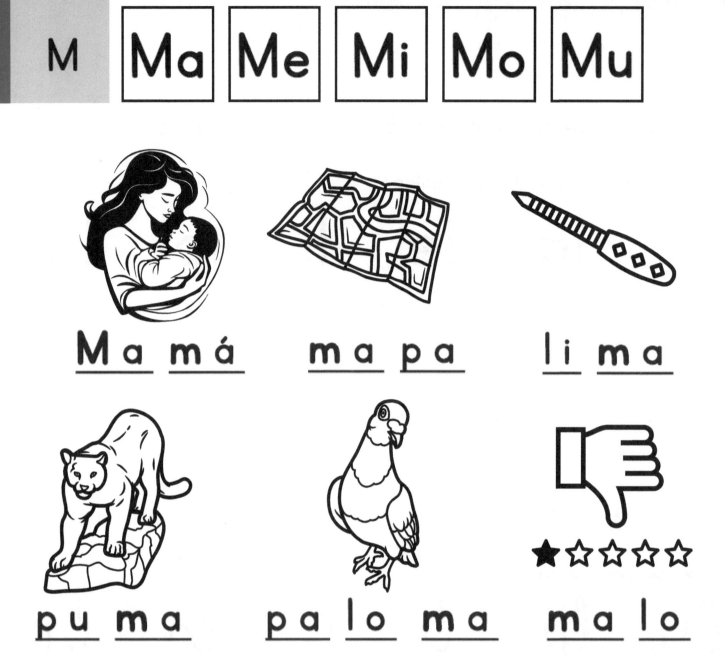

Ma má    ma pa    li ma

pu ma    pa lo ma    ma lo

1 Así se escriben en "cursiva o ligada":

*ma me mi mo mu*

*Mamá paloma mapa*

2 | Traza y luego escribe cada una de las sílabas:

letra "imprenta" o letra de "molde"

# Mm ma me mi mo mu

letra "cursiva" o letra "ligada"

# Mm ma me mi mo mu

# M

**3** Une cada dibujo con su sílaba inicial.

ma •

me •

mi •

mo •

mu •

**4** Mira ahora puedes escribir tus primeras frases.
¡Escríbelas!...

# Mi mamá me ama

# Amo a mi papá

# D  Da De Di Do Du

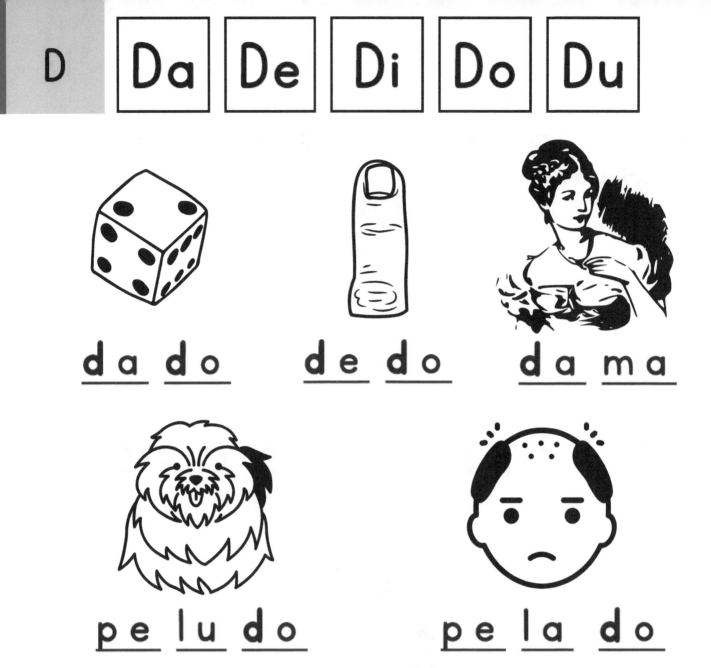

da do

de do

da ma

pe lu do

pe la do

Así se escriben en "cursiva o ligada":

*da    de    di    do    du*

*dado dedo dama peludo*

**2** Traza y luego escribe cada una de las sílabas:

letra "imprenta" o letra de "molde"

# Dd  da  de  di  do  du

letra "cursiva" o letra "ligada"

# Dd  da  de  di  do  du

| T | T | Ta | Te | Ti | To | Tu |

pa t o       ma le t a       te l a

to m a te       pe lo t a

**1** Así se escriben en "cursiva o ligada":

ta       te       ti       to       tu

pato maleta tela tomate

**2** Traza y luego escribe cada una de las sílabas:

letra "imprenta" o letra de "molde"

# Tt ta te ti to tu

letra "cursiva" o letra "ligada"

# Tt ta te ti to tu

# T

**3** Colorea la sílaba que representa el sonido inicial de cada dibujo

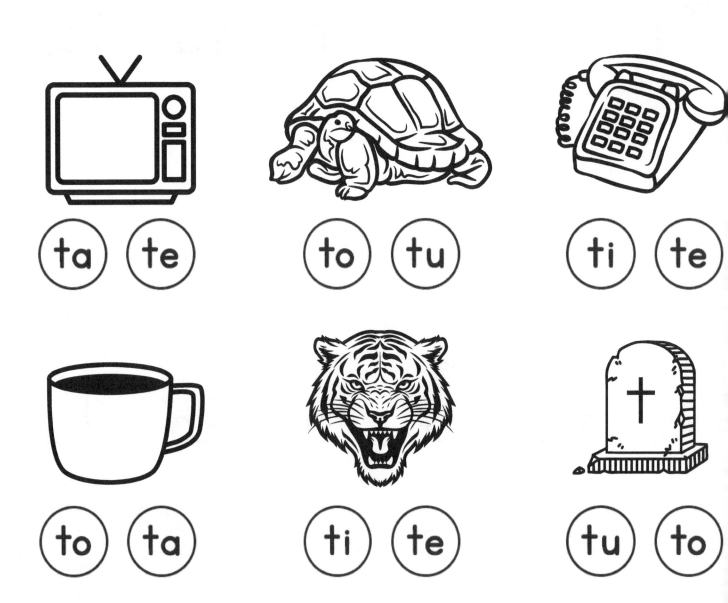

ta  te          to  tu          ti  te

to  ta          ti  te          tu  to

Mira ahora puedes escribir más frases.
¡Escríbelas!...

La maleta de mi Mamá

La tía Pamela toma el té

**c** | **Ca** | **Co** | **Cu**

ca ma

co me ta

co pa

co co

co mi da

cu cú

**1** Así se escriben en "cursiva o ligada":

ca co cu — ca co cu

cama cometa copa coco

**2** Traza y luego escribe cada una de las sílabas:

etra "imprenta" o letra de "molde"

# C c    ca    co    cu

etra "cursiva" o letra "ligada"

# C c    ca    co    cu

| S | Sa | Se | Si | So | Su |

s a p o     o s o     s o p a

c a s a     c a m i s a     s a c o

**1** Así se escriben en "cursiva o ligada":

sa    se    si    so    su

sapo    oso    sopa    casa

**2** Traza y luego escribe cada una de las sílabas:

letra "imprenta" o letra de "molde"

# Ss sa se si so su

letra "cursiva" o letra "ligada"

# Ss sa se si so su

# S

**3** Colorea cada dibujo y luego escribe sus nombres

**4** Mira ahora puedes escribir nuevas frases.
¡Escríbelas!...

## La sopa está salada

## Me comí toda la pasta

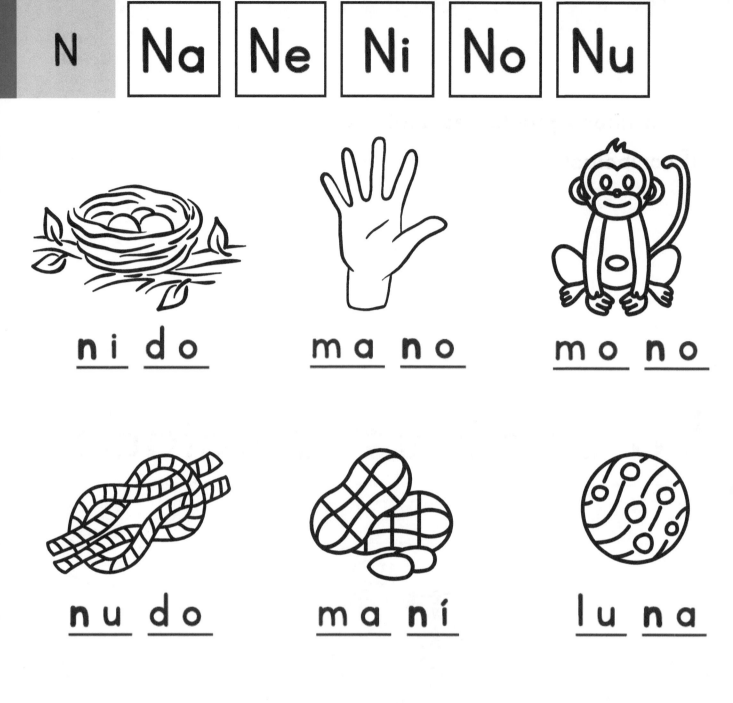

n i   d o

m a   n o

m o   n o

n u   d o

m a   n í

l u   n a

I   Así se escriben en "cursiva o ligada":

*na    ne    ni    no    nu*

*nido  mano  mono  nudo*

2 Traza y luego escribe cada una de las sílabas:

letra "imprenta" o letra de "molde"

Nn    na    ne    ni    no    nu

letra "cursiva" o letra "ligada"

Nn    na    ne    ni    no    nu

**3** Escribe los nombres de los dibujos en los cuadros.

1 

2 

3 

4 

5 

4 Mira ahora puedes escribir nuevas frases.
¡Escríbelas!...

La momia camina lenta

El mono se comió el maní

# J | Ja | Je | Ji | Jo | Ju

a jo

ji ne te

ca ja

pa ja

te ja do

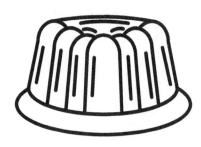

ja le a

**1** Así se escriben en "cursiva o ligada":

ja        je        ji        jo        ju

ajo caja jinete paja jalea

2 Traza y luego escribe cada una de las sílabas:

letra "imprenta" o letra de "molde"

# Jj   ja   je   ji   jo   ju

Jj   ja   je   ji   jo   ju

letra "cursiva" o letra "ligada"

Jj   ja   je   ji   jo   ju

Jj   ja   je   ji   jo   ju

# B   Ba   Be   Bi   Bo   Bu

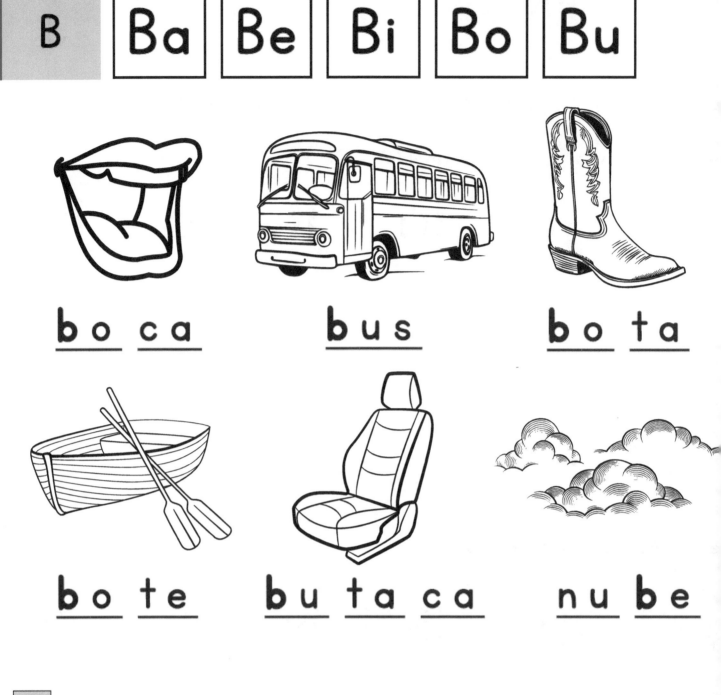

bo ca          bus          bo ta

bo te          bu ta ca          nu be

1   Así se escriben en "cursiva o ligada":

*ba   be   bi   bo   bu*

*boca   bus   bota   bote   nube*

2 Traza y luego escribe cada una de las sílabas:

letra "imprenta" o letra de "molde"

Bb ba be bi bo bu

Bb ba be bi bo bu

letra "cursiva" o letra "ligada"

Bb ba be bi bo bu

Bb ba be bi bo bu

**3** Completa las vocales que faltan de los siguientes objetos y descubre como se escribe.

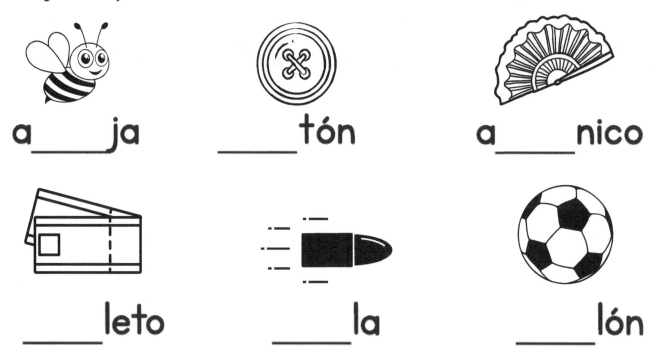

a____ja          ____tón          a____nico

____leto          ____la          ____lón

**4** Colorea la sílaba que representa el sonido inicial de cada dibujo.

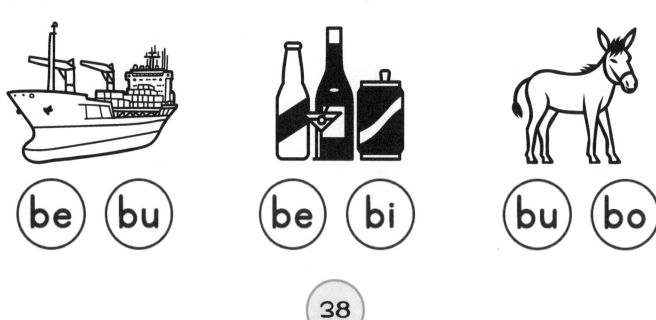

be   bu          be   bi          bu   bo

5 Mira ahora puedes escribir nuevas frases.

¡Escríbelas!...

Camila dibujó una abeja

Mi mamá Elena es bonita

V | Va | Ve | Vi | Vo | Vu

va so    u va    va ca

ve la    ve na do    na ve

**I** Así se escriben en "cursiva o ligada":

*va    ve    vi    vo    vu*

*vaso    uva    vaca    vela*

**2** Traza y luego escribe cada una de las sílabas:

etra "imprenta" o letra de "molde"

# Vv va ve vi vo vu

etra "cursiva" o letra "ligada"

Vv va ve vi vo vu

fo ca     te lé fo no     fo co

so fá     fa mi lia     ca fé

1  Así se escriben en "cursiva o ligada":

fa   fe   fi   fo   fu
foca teléfono foco sofá

2 Traza y luego escribe cada una de las sílabas:

letra "imprenta" o letra de "molde"

Ff fa fe fi fo fu

letra "cursiva" o letra "ligada"

Ff fa fe fi fo fu

**3** Colorea las estrellas de acuerdo a la cantidad de sílabas que tiene cada imagen.

**4** Mira ahora puedes escribir nuevas frases.
¡Escríbelas!...

# Fabiana está en el sofá

# Sonó el teléfono de Sofía

## LL Lla Lle Lli Llo Llu

ca lle      ca me llo      si lla

po llo      lla ve      llu via

**1** Así se escriben en "cursiva o ligada":

*lla   lle   lli   llo   llu*

*calle   silla   pollo   llave*

**2** Traza y luego escribe cada una de las sílabas:

letra "imprenta" o letra de "molde"

Ll    lla    lle    lli    llo    llu

letra "cursiva" o letra "ligada"

Ll    lla    lle    lli    llo    llu

**3** Escribe el nombre de cada uno de los dibujos.

_____

- - - - - - - - - - - - - - - - -

_____

_____

- - - - - - - - - - - - - - - - -

_____

_____

- - - - - - - - - - - - - - - - -

_____

_____

- - - - - - - - - - - - - - - - -

_____

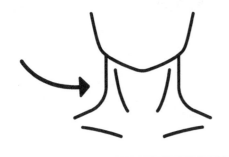

_____

- - - - - - - - - - - - - - - - -

_____

_____

- - - - - - - - - - - - - - - - -

_____

4 Mira ahora puedes escribir nuevas frases.

¡Escríbelas!...

Mi caballo come pasto

José se sentó en la silla

| CH | Cha | Che | Chi | Cho | Chu |

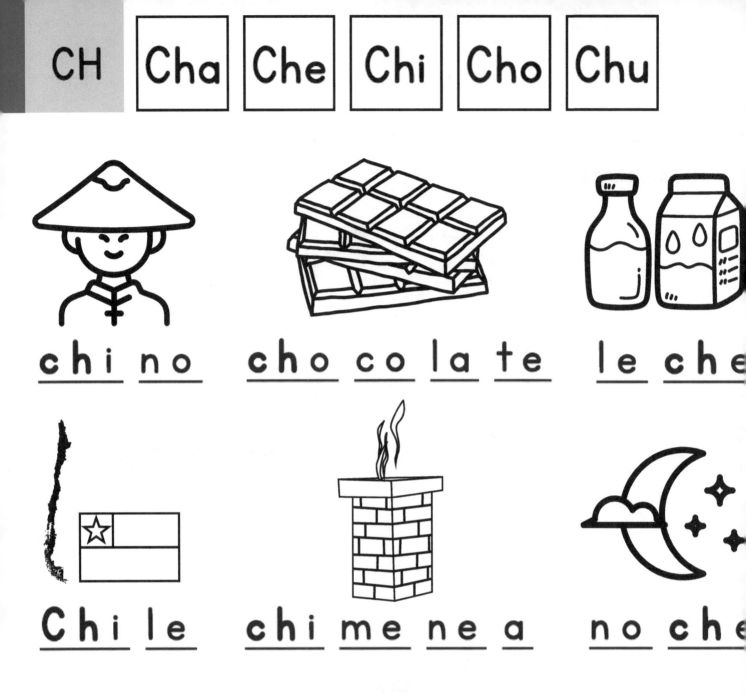

chi no    cho co la te    le che

Chi le    chi me ne a    no che

I   Así se escriben en "cursiva o ligada":

*cha che chi cho chu*

*chino Chile leche noche*

**2** Traza y luego escribe cada una de las sílabas:

letra "imprenta" o letra de "molde"

# Ch cha che chi cho chu

letra "cursiva" o letra "ligada"

# Ch cha che chi cho chu

# Ñ  Ña  Ñe  Ñi  Ño  Ñu

pi ña

le ña

ni ño

u ña

mu ñe ca

ca ña

1  Así se escriben en "cursiva o ligada":

ña    ñe    ñi    ño    ñu

piña   leña   niño   uña

2 Traza y luego escribe cada una de las sílabas:

etra "imprenta" o letra de "molde"

Ññ    ña    ñe    ñi    ño    ñu

etra "cursiva" o letra "ligada"

Ññ    ña    ñe    ñi    ño    ñu

# Ñ

**3** Si el nombre de uno de los dibujos incluye una "Ñ", traza la línea hasta esa letra

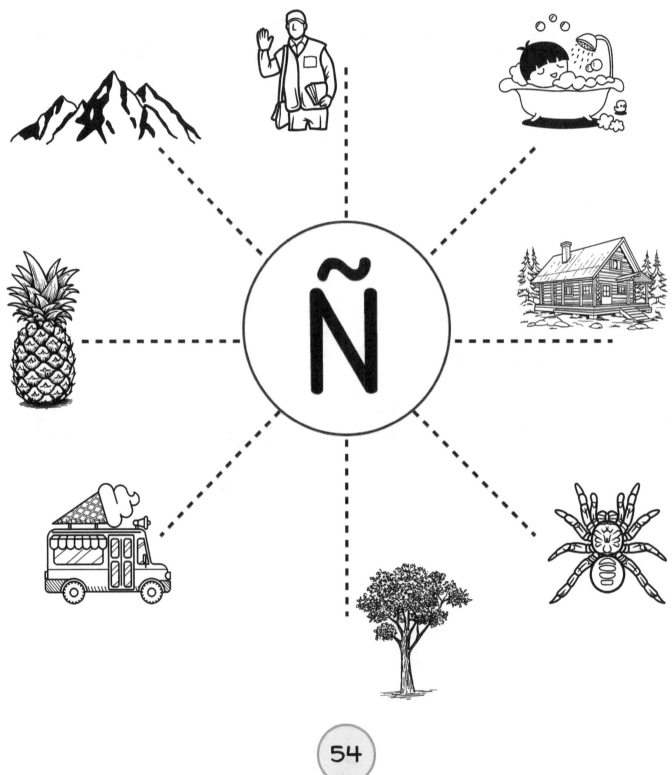

Mira ahora puedes escribir nuevas frases.

¡Escríbelas!...

Esos niños son Chilenos

Me bañé en mi ducha

55

# R | Ra | Re | Ri | Ro | Ru

Esta letra "R" se pronuncia con suavidad

lo **r o**

l l a ve **r o**

to **r o**

a **r a** ña

ma **r i** po sa

pe **r a**

I   Así se escriben en "cursiva o ligada":

*ra      re      ri      ro      ru*

*loro llavero toro pera*

**2** Traza y luego escribe cada una de las sílabas:

Letra "imprenta" o letra de "molde"

# Rr ra re ri ro ru

Letra "cursiva" o letra "ligada"

# Rr ra re ri ro ru

# R | Ra | Re | Ri | Ro | Ru

Esta letra "R" ubicada en la primera sílaba se pronuncia con fuerza 💪

r a n a

r a m o

r o s a

r e m o

r a t ó n

r o p a

**1** Así se escriben en "cursiva o ligada":

ra      re      ri      ro      ru

rana ramo rosa remo

Mira ahora puedes escribir nuevas frases.
¡Escríbelas!...

El torero y su capa roja

La araña teje rápido

# RR | rra | rre | rri | rro | rru

Esta letra "doble R (rr)" se pronuncia con fuerza 💪

bu **rro**   se **rru** cho   pe **rro**

ja **rro**   ca **rre** ta   to **rre**

| 1 | Así se escriben en "cursiva o ligada": |

*rra  rre  rri  rro  rru*

*burro perro jarro torre*

**2** Traza y luego escribe cada una de las sílabas:

letra "imprenta" o letra de "molde"

Rr rra rre rri rro rru

letra "cursiva" o letra "ligada"

Rr rra rre rri rro rru

**3** Colorea las letras "R" o "RR" con las que se escribe el nombre de cada uno de los dibujos.

Mira ahora puedes escribir nuevas frases.

¡Escríbelas!...

Rene lleva su gorra roja

El carruaje de la Reina

# Z | Za | Ze | Zi | Zo | Zu

z o r r o

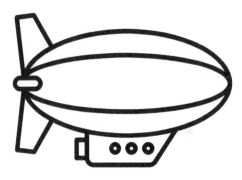

z e p e l í n

z u m o

p o z o

p i z a r r a

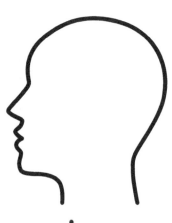

c a b e z a

---

**1** Así se escriben en "cursiva o ligada":

*za     ze     zi     zo     zu*

*zorro     zepelín     zumo*

**2** Traza y luego escribe cada una de las sílabas:

letra "imprenta" o letra de "molde"

# Zz za ze zi zo zu

letra "cursiva" o letra "ligada"

# Zz za ze zi zo zu

# G | Ga | Gue | Gui | Go | Gu

**ga** to     **gue** rra     **gui** ta rra

**go** ri la     **gu** sa no     **ga** llo

1  Así se escriben en "cursiva o ligada":

*ga   gue   gui   go   gu*

*gato   guerra   guitarra*

**2** Traza y luego escribe cada una de las sílabas:

letra "imprenta" o letra de "molde"

Gg   ga   gue   gui   go   gu

letra "cursiva" o letra "ligada"

Gg   ga   gue   gui   go   gu

# G

**3** Traza una línea que conecte la palabra con el dibujo correspondiente.

guepardo

gaviota

galleta

guirnalda

gallina

goma

soga

guitarra

guinda

aguja

**4** Mira ahora puedes escribir nuevas frases.

¡Escríbelas!...

# Mi amigo toca la guitarra

# El águila tiene garras

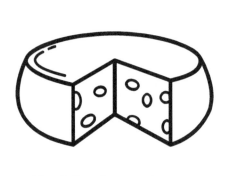

**q u e** s o     p a **q u e** t e     b u **q u e**

**q u í** m i c a          p o **q u i** t o

1   Así se escriben en "cursiva o ligada":

*que      qui      que      qui*

*queso     buque     química*

2 **Traza y luego escribe cada una de las vocales:**

etra "imprenta" o letra de "molde"

que       qui       que       qui

que       qui       que       qui

etra "cursiva" o letra "ligada"

que       qui       que       qui

que       qui       que       qui

| las | les | lis | los | lus |

**l**a**s** niñas

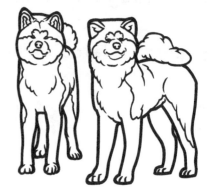

**l**o**s** perros

**l**a**s** **es**caleras

la **as**piradora

**1** Así se escriben en "cursiva o ligada":

*las   les   lis   los   lus*

*las manos están sucias*

2 Traza y luego escribe cada una de las vocales:

etra "imprenta" o letra de "molde"

las    les    lis    los    lus

las    les    lis    los    lus

etra "cursiva" o letra "ligada"

las    les    lis    los    lus

las    les    lis    los    lus

| al | el | il | ol | ul |

s**ol** da do

pas t**el**

s**al** - **a** s**al** to - p**al** ma - **al** ma -

c**al** ma - ca ra c**ol** - mi s**il** - mie

v**ol** cán - g**ol** - p**ul** gar - s**ul** tán

**1** Así se escriben en "cursiva o ligada":

*al      el      il      ol      ul*

*El saltamonte salta alto*

2 Traza y luego escribe cada una de las vocales:

letra "imprenta" o letra de "molde"

al        el        il        ol        ul

al        el        il        ol        ul

letra "cursiva" o letra "ligada"

al        el        il        ol        ul

al        el        il        ol        ul

| ar | er | ir | or | ur |

<u>mar</u> ti llo

<u>ar</u> di <u>lla</u>

<u>ar</u> te - <u>mar</u> te - <u>tar</u> de - <u>ar</u> <u>ma</u> -
<u>tor</u> <u>ta</u> - <u>dor</u> <u>mir</u> - su <u>bir</u> - <u>ar</u> cc
sa <u>lir</u> - <u>cur</u> va - te <u>ner</u> - mo <u>ver</u>

| 1 | Así se escriben en "cursiva o ligada":

*ar      er      ir      or      ur*

*La ardilla sube al árbol*

**2** Traza y luego escribe cada una de las vocales:

etra "imprenta" o letra de "molde"

ar     er     ir     or     ur

ar     er     ir     or     ur

etra "cursiva" o letra "ligada"

ar     er     ir     or     ur

ar     er     ir     or     ur

| an | en | in | on | un |

c a n  d a  d o

l i n  ter  n a

c a n  tan  te  -  me  l ó n  -  ta  l ó n  -
t i n  t a  -  p u n  to  -  p i n  tu  ra  -  l e n  t
a  vi ó n -  m e n  te  -  b a n  co  - san  to

| I | Así se escriben en "cursiva o ligada": |

*an    en    in    on    un*

*Alonso pintó mi ventana*

**2** Traza y luego escribe cada una de las vocales:

letra "imprenta" o letra de "molde"

an     en     in     on     un

an     en     in     on     un

letra "cursiva" o letra "ligada"

an     en     in     on     un

an     en     in     on     un

| am | em | im | om | um |

<u>c</u> <u>am</u> <u>pa</u> <u>na</u>

<u>b</u> <u>om</u> <u>be</u> <u>ro</u>

<u>lám</u> <u>pa</u> <u>ra</u> - <u>em</u> <u>bu</u> <u>do</u> - <u>bom</u> <u>bo</u> -
<u>bom</u> <u>bi</u> <u>lla</u> - <u>bam</u> <u>bú</u> - <u>cam</u> <u>po</u> -
<u>em</u> <u>po</u> <u>rio</u> - <u>im</u> <u>pre</u> <u>so</u> <u>ra</u> - <u>lim</u> <u>pi</u>

**1** Así se escriben en "cursiva o ligada":

*am   em   im   om   um*

*La lámpara tiene ampolleta*

2 Traza y luego escribe cada una de las vocales:

etra "imprenta" o letra de "molde"

am    em    im    om    um

etra "cursiva" o letra "ligada"

am    em    im    om    um

**1** Indica si debes completar con '**que**' o '**qui**', según corresponda, en cada dibujo

va____ro        mante____lla        par____

**2** Lee y luego colorea la estrella de la oración que corresponde al dibujo que ves

☆ Las jo yas de mis a mi gas
☆ Los ni ños jue gan a la pe lo ta
☆ Las u vas es tán dul ces

☆ El sol bri lla en el cie lo
☆ El ca ra col su be al ár bol
☆ El ni ño sal tó muy al to

**3** Encierra en un círculo las sílabas con: **ar, er, ir, or, ur**.

arco     arte     irlanda     archivo

Ernesto     carpeta     cortina     urna

Úrsula     urgencia     orca     orden

**4** Dibuja lo que lees.

|  |  |  |
|---|---|---|
| elefante | botón | avión |

**5** Colorea las estrellas de acuerdo a la cantidad de sílabas que tiene cada palabra.

lámpara     impresora     campo

☆☆☆☆     ☆☆☆☆     ☆☆☆☆

bombilla     embudo     bombero

☆☆☆☆     ☆☆☆☆     ☆☆☆☆

## Y | Ya | Ye | Yi | Yo | Yu

rey

mayonesa

yema

yunque

payaso

yate

| I | Así se escriben en "cursiva o ligada":

ya   ye   yi   yo   yu

rey yema yunque yate

**2** Traza y luego escribe cada una de las sílabas:

etra "imprenta" o letra de "molde"

Yy ya ye yi yo yu

etra "cursiva" o letra "ligada"

𝒴y ya ye yi yo yu

| Za | Ce | Ci | Zo | Zu |
|----|----|----|----|----|

**za pa to**

**ce bo lla**

**ce ci na**

**zo rro**

**ce ni za**

**zu mo**

**1** Así se escriben en "cursiva o ligada":

za  ce  ci  zo  zu

zapato  zorro  zumo

2 Traza y luego escribe cada una de las vocales:

letra "imprenta" o letra de "molde"

Za   Ce   Ci   Zo   Zu

letra "cursiva" o letra "ligada"

Za   Ce   Ci   Zo   Zu

**3** Lee, traza y luego dibuja los ingredientes mencionados el siguiente párrafo.

Zulema cocinó una sabrosa pizza
con tomate, cecina, maíz, aceitunas
y mucha cebolla dulce.

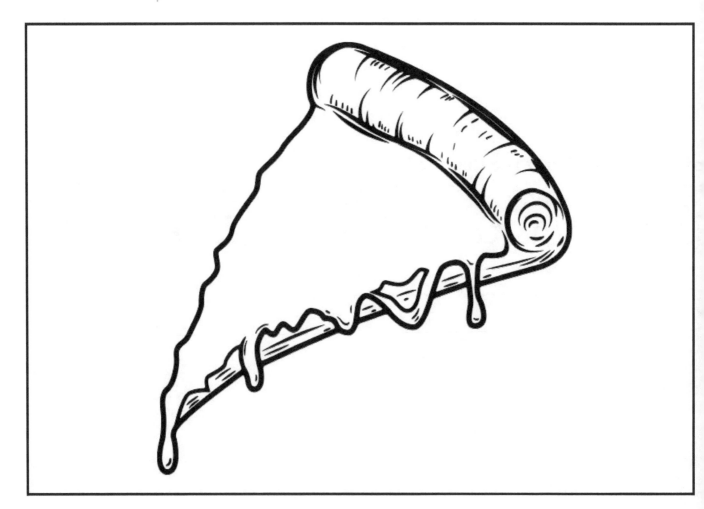

4  Mira ahora puedes escribir nuevas frases.
¡Escríbelas!...

El cisne vuela en cielo azul

Los zapatos están sucios

ha cha

ho ja

hor no

bú ho

he la do

hue vo

**1** Así se escriben en "cursiva o ligada":

ha   he   hi   ho   hu

hacha   hoja   horno

2 Traza y luego escribe cada una de las sílabas:

letra "imprenta" o letra de "molde"

Hh  ha  he  hi  ho  hu

Hh  ha  he  hi  ho  hu

letra "cursiva" o letra "ligada"

Hh  ha  he  hi  ho  hu

Hh  ha  he  hi  ho  hu

**3** Completa con la letra h para completar el nombre de cada uno de estos dibujos.

___élice

almo__ada

___arina

___ueso

__ormiga

___ervido

___uerta

___élicoptero

___ilo

Mira ahora puedes escribir nuevas frases.
¡Escríbelas!...

Hugo hace pan con harina

Helena cocinó un huevo

**gi** **ta** **na**

**ja** **rro**

**gen** **te**

**gi** **ra** **sol**

**o** **jo**

**ju** **gue** **te**

---

**1** Así se escriben en "cursiva o ligada":

*ja     ge     gi     jo     ju*

*gitana jarro gente ojo*

**2** Traza y luego escribe cada una de las sílabas:

letra "imprenta" o letra de "molde"

ja ge gi jo ju

ja ge gi jo ju

letra "cursiva" o letra "ligada"

ja ge gi jo ju

ja ge gi jo ju

**3** Colorea las letras "G" o "J" con las que se escribe el nombre de cada uno de los dibujos.

__abalí

__abón

__orila

__orro

__oyas

__enio

ma__o

__anador

__alleta

__ota

__ota

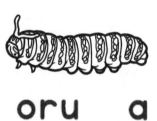

oru__a

H Mira ahora puedes escribir tus primeras frases.
¡Escríbelas!...

Javier ganó la carrera

El jarro tiene jugo

# K | Ka | Ke | Ki | Ko | Ku

ka ra te

ki wi

kios co

ko a la

ki lo

ket chup

1 Así se escriben en "cursiva o ligada":

ka      ke      ki      ko      ku

karate      kiwi      kiosco

2 Traza y luego escribe cada una de las sílabas:

letra "imprenta" o letra de "molde"

Kk ka ke ki ko ku

Kk ka ke ki ko ku

letra "cursiva" o letra "ligada"

Kk ka ke ki ko ku

Kk ka ke ki ko ku

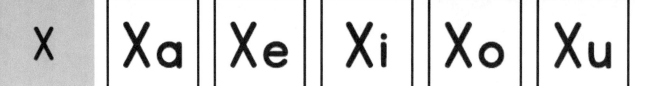

**X** | **Xa** | **Xe** | **Xi** | **Xo** | **Xu**

  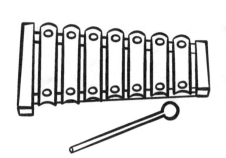

e x a m e n     t a x i     x i l ó f o n o

ta xi - au xi lio - sa xo fón -
ex ca var - ex pri mir - ó xi do -
é xi to - oxí ge no - mix to

| I | Así se escriben en "cursiva o ligada": |

*xa     xe     xi     xo     xu*

*examen  taxi  xilófono*

**2** Traza y luego escribe cada una de las sílabas:

letra "imprenta" o letra de "molde"

# Xx xa xe xi xo xu

Xx xa xe xi xo xu

letra "cursiva" o letra "ligada"

*Xx xa xe xi xo xu*

*Xx xa xe xi xo xu*

**pla** ne ta

tem **plo** - **plu** ma - **pla** no -
**pla** ta - **plu** me ro - **pla** ti llo -
com **pli** ca do - com **ple** to

**I** Así se escriben en "cursiva o ligada":

*pla    ple    pli    plo    plu*

*El plátano es amarillo*

2 Traza y luego escribe cada una de las vocales:

letra "imprenta" o letra de "molde"

pla     ple     pli     plo     plu

pla     ple     pli     plo     plu

letra "cursiva" o letra "ligada"

pla     ple     pli     plo     plu

pla     ple     pli     plo     plu

## BL | bla | ble | bli | blo | blu

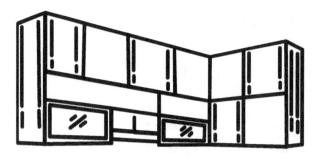

mue **ble**s

ta **bla** - ca **ble** - ne **bli** na -
**blin** da je - **blan** do - **blo** que -
tem **blor** - pue **blo** - do **ble**

| I | Así se escriben en "cursiva o ligada": |

*bla   ble   bli   blo   blu*

*Mi blusa es blanca*

2 Traza y luego escribe cada una de las vocales:

etra "imprenta" o letra de "molde"

bla    ble    bli    blo    blu

bla    ble    bli    blo    blu

etra "cursiva" o letra "ligada"

bla    ble    bli    blo    blu

bla    ble    bli    blo    blu

**GL** | gla | gle | gli | glo | glu

**glo** bos

i **gle** sia - i **glú** - re **gla** -
**gló** bu lo - in **glés** - **glo** ria -
**glu** co sa - **glú** teo - **gla** ciar

**1** Así se escriben en "cursiva o ligada":

*gla   gle   gli   glo   glu*
*Gloria habla en inglés*

2 Traza y luego escribe cada una de las vocales:

etra "imprenta" o letra de "molde"

gla gle gli glo glu

gla gle gli glo glu

etra "cursiva" o letra "ligada"

gla gle gli glo glu

gla gle gli glo glu

**FL** | fla | fle | fli | flo | flu

**flau ta**

**fla** co - **fle** cha - **flo** res -
**flo** tar - **flan** - **flo** ta dor -
**flo** re ro - **flo** jo - **flú** or

**1** Así se escriben en "cursiva o ligada":

*fla    fle    fli    flo    flu*
*Flavio infló los globos*

2 Traza y luego escribe cada una de las vocales:

etra "imprenta" o letra de "molde"

# fla fle fli flo flu

fla fle fli flo flu

etra "cursiva" o letra "ligada"

fla fle fli flo flu

fla fle fli flo flu

bi ci **cle** ta

**clo** ro - cho **clo** - te **cla** do

**cla** vo - **cli** ma - an **cla** - **cla** r

**clí** ni ca - **cla** vel - **cla** se

**I** Así se escriben en "cursiva o ligada":

*cla cle cli clo clu*

*Claudio olvidó su clave*

2 Traza y luego escribe cada una de las vocales:

letra "imprenta" o letra de "molde"

cla    cle    cli    clo    clu

cla    cle    cli    clo    clu

letra "cursiva" o letra "ligada"

cla    cle    cli    clo    clu

cla    cle    cli    clo    clu

| pra | pre | pri | pro | pru |
|-----|-----|-----|-----|-----|

**pro** fe sor

**pre** pa rar – **pre** mio – **pri** ma

**pro** duc to – **prue** ba – **pra** do

**pra** de ra – **pren** sa – **pri** sa

**I** Así se escriben en "cursiva o ligada":

*pra pre pri pro pru*

*Mi primo practica judo*

**2** Traza y luego escribe cada una de las vocales:

letra "imprenta" o letra de "molde"

pra pre pri pro pru

letra "cursiva" o letra "ligada"

pra pre pri pro pru

**tri ci clo**

cua **tro** - **true** no - **tris** te -
**tro** tar - **trom** pe ta - **tri** go -
**tré** bol - **tro** pi cal - **trá** fi co

I Así se escriben en "cursiva o ligada":

*tra tre tri tro tru*

*Viajo en tren al trabajo*

2 | Traza y luego escribe cada una de las vocales:

letra "imprenta" o letra de "molde"

tra  tre  tri  tro  tru

letra "cursiva" o letra "ligada"

tra  tre  tri  tro  tru

a **bri** go

**bri** sa - **bru** ma - hom **bre** -
**bra** sas - **bru** ja - **bri** lla -
po **bre** - a **bra** zo - **bro** ma

**1** Así se escriben en "cursiva o ligada":

*bra   bre   bri   bro   bru*

*En abril leí tres libros*

2 Traza y luego escribe cada una de las vocales:

letra "imprenta" o letra de "molde"

# bra bre bri bro bru

letra "cursiva" o letra "ligada"

# bra bre bri bro bru

# CR | cra | cre | cri | cro | cru

mi **cro** bus

**crá** neo - **cris** tal - **cruz** -
**crá** ter - **cri** men - **cru** do -
**cru** zar - **cre** ma - **cre** cer

**1** Así se escriben en "cursiva o ligada":

*cra cre cri cro cru*
*Cristo llevó la cruz*

2 Traza y luego escribe cada una de las vocales:

letra "imprenta" o letra de "molde"

## cra cre cri cro cru

cra cre cri cro cru

letra "cursiva" o letra "ligada"

cra cre cri cro cru

cra cre cri cro cru

**dra** **gón**

**ma** **dre** - **dre** **nar** - **pie** **dra** -
**pa** **dre** - **ma** **dru** **gar** - **cua** **dro**
**cua** **dra** **do** - **co** **co** **dri** **lo**

**1** Así se escriben en "cursiva o ligada":

*dra dre dri dro dru*

*Pedro lanzó una piedra*

2 | Traza y luego escribe cada una de las vocales:

letra "imprenta" o letra de "molde"

dra  dre  dri  dro  dru

dra  dre  dri  dro  dru

letra "cursiva" o letra "ligada"

dra  dre  dri  dro  dru

dra  dre  dri  dro  dru

## co fre

fre sa - fri to - fras co -
fru ta - fri tu ra - Á fri ca -
frá gil - fre ni llo - fre nar

1  Así se escriben en "cursiva o ligada":

*fra fre fri fro fru*

*Franco fué a Francia*

2 Traza y luego escribe cada una de las vocales:

letra "imprenta" o letra de "molde"

fra fre fri fro fru

fra fre fri fro fru

letra "cursiva" o letra "ligada"

fra fre fri fro fru

fra fre fri fro fru

**ti gre**

**gra** tis - pe li **gro** - a le **gre** -
**gra** fi ca - **gra** cias - **grú** a -
fo tó **gra** fo - **gri** tar - **gra** so

1  Así se escriben en "cursiva o ligada":

*gra  gre  gri  gro  gru*

*El grillo era grande y negro*

2 Traza y luego escribe cada una de las vocales:

letra "imprenta" o letra de "molde"

# gra gre gri gro gru

gra gre gri gro gru

letra "cursiva" o letra "ligada"

# gra gre gri gro gru

gra gre gri gro gru

pin **güi** no

ci **güe** ña – bi lin **güe** – a **güe** ro
ver **güe**n za – za ri **güe** ya –
fra **güe** – len **güe** ta – a **güi** ta

**1**  Así se escriben en "cursiva o ligada":

*güe   güi   güe   güi*

*El pingüino se lanzó al agüita*

126

2 Traza y luego escribe cada una de las vocales:

etra "imprenta" o letra de "molde"

güe    güi    güe    güi

güe    güi    güe    güi

etra "cursiva" o letra "ligada"

güe    güi    güe    güi

güe    güi    güe    güi

**1** Busca las siguientes palabras en esta sopa de letras:

| I | B | Í | Y | C | M | S | O | A | T |
|---|---|---|---|---|---|---|---|---|---|
| V | Á | W | O | E | É | E | N | T | I |
| H | C | F | G | F | C | L | I | U | G |
| É | R | A | I | Á | Í | B | Ü | A | R |
| E | V | T | R | N | Ú | E | G | L | E |
| H | S | E | B | O | M | U | N | F | K |
| Z | C | N | A | G | X | M | I | O | E |
| Ú | P | A | U | A | J | J | P | E | Ñ |
| Ú | Á | L | K | R | M | P | F | D | L |
| O | N | P | U | D | R | É | A | M | C |

**2** Completa con las silabas "pla","ple","pli","plo","plu".

____ma        ____ ta no      tem ____        ____ me r

**3** Completa sus nombres con las letras que faltan:

 T \_\_\_ RT \_\_\_ G \_\_\_

 C \_\_\_ NE \_\_\_ O

 \_\_\_ ABA \_\_\_ \_\_\_ O

 SE \_\_\_ PI \_\_\_ N \_\_\_ E

 CO \_\_\_ OD \_\_\_ IL \_\_\_

\_\_\_ AR \_\_\_ CO \_\_\_

**4** Colorea las imagenes nombradas en las frases:

• El cocinero preparó un delicioso pastel de manzana

• El pirata encontró un cofre del tesoro en una isla remota

• En la selva africana, hay elefantes, leones y jirafas

5 Escribe las descipciones correctas que puedes leer de las siguientes frases relacionadas al dibujo:

Vuela muy alto

Sirve para bailar

Tiene dos alas

Se sumerge en el mar

Lleva a pasajeros

Salta de un lado a otro

Puede subir las escaleras

Viaja a otros paises

Viaja a otros paises

**6** Ordena de manera correcta las sílabas de cada uno de los dibujos:

| TO GA | NO MO | MA TO TE |
| GATO | | |

| NA BA LLE | A DÍ SAN | NO TE FO LÉ |

| NO SAU DI RIO | ES BA CO | TA PAN LÓN |

**7** Haz un dibujo de acuerdo con lo que puedes entender del siguiente párrafo:

En un lindo día de sol en la playa, dos niños juegan con sus aldes y palas en la arena. Ellos construyen un castillo de rena. A su lado, tienen un quitasol y una pelota de muchos olores. En el horizonte del mar, se ve un pequeño velero."

Made in United States
Troutdale, OR
10/20/2024